DER POTT KOCHT

Die leckersten Gerichte aus dem Ruhrgebiet

PATRIK JAROS

DER POTT KOCHT

Die leckersten Gerichte aus dem Ruhrgebiet

Parragon

Bath • New York • Singapore • Hong Kong • Cologne • Delhi
Melbourne • Amsterdam • Johannesburg • Auckland • Shenzhen

Inhalt

Impressum

Queen Street House
4 Queen Street
Bath BA1 1 HE, UK
www.parragon.com

ISBN: 978-1-4454-6924-9
Printed in China

Konzeption:
Patrik Jaros

Rezepte und Foodstyling:
Patrik Jaros / www.food-experts-group.com
Fotografie:
Patrik Jaros / www.food-experts-group.com
Assistenz Küche:
Eva Peter, Claudia Wörner
Design:
Cynthia Grieff / www.taifun-design.com
Lektorat:
Stefanie Hammann-Lappöhn / www.wort-atelier.com
Text:
Kira Crome

Anmerkung für den Leser:
Soweit nicht anders vermerkt, sind die Mengenangabe immer für 4 Personen. Ein Teelöffel entspricht 5 ml, ein Esslöffel 15 ml. Soweit nicht anders angegeben, wird Vollmilch verwendet. Die Eier sind von mittlerer Größe und immer aus Freilandhaltung. Für die abgeriebene Schale von Orangen und Zitronen, die häufig zum Aromatisieren verwendet wird, sollten immer unbehandelte Früchte verwendet werden. Alle Gemüse, Obst sowie Kräuter werden vor dem Verarbeiten immer gewaschen. Kinder, ältere Menschen, Schwangere, Kranke, oder in Rekonvaleszenz befindliche Personen sollten auf Rezepte mit rohen oder leicht gegarten Eiern verzichten. Alle Rezepte in diesem Buch wurden mit größtmöglicher Sorgfalt und Liebe gebacken, verkostet und überprüft.

Traditionelles & Typisches

Ruhrpott-Gerichte zwischen damals und heute

Eintöpfe sind ein Klassiker der Ruhrpottküche. Denn wer unter Tage in der Zeche oder am Hochofen im Stahlwerk arbeitete, hatte lange Arbeitszeiten, ohne viel Pause. Gegessen wurde, wo man gerade war. Kantinen, wie man sie heute kennt, gab es damals nicht. Deshalb wurde Mitgebrachtes gegessen. Und das musste schon etwas deftiger und reichhaltiger sein als ein einfaches Butterbrot. Traditionell hatten die Grubenarbeiter im Revier deshalb einen „Henkelmann" dabei, in dem sie ihr warmes Mittagessen von zu Hause mitbrachten oder das die Frauen an die Grubenschächte oder Werkstore brachten.

Der Henkelmann war ein verschließbarer Behälter – anfangs aus einfachem Blech, später aus doppelwandigem Material nach dem Thermoskannenprinzip. An den Seiten war ein praktischer Henkel zum Tragen befestigt. Der verlieh der Warmhaltedose ihren Namen. Der Henkelmann war das Symbol des „Kumpels" in der Geschichte des Reviers bis in die 1950er- und 1960er-Jahre hinein.

Es entwickelte sich eine richtige Kochkunst um die Henkelmanngerichte, die nicht selten wie ein Geheimnis gehütet und in vielen Familien von Generation zu Generation weitergegeben wurden. Praktisch und lecker mussten sie sein, die Mittagspausenmahlzeiten. So waren es hauptsächlich Eintöpfe, die traditionell in der Ruhrpottküche auf den Tisch beziehungsweise in den Henkelmann kamen. Die typischen Reviereintöpfe wurden mit Kartoffeln oder Graupen und saisonalem Gemüse zubereitet. Ganz nach Jahreszeit kamen Steckrüben, Grünkohl, Möhren, dicke Bohnen, Erbsen oder Schnippelbohnen in den Topf. Und natürlich durfte eine kräftige Einlage nicht fehlen. In den Eintopf kam Mettwurst oder Schinkenspeck, westfälische „Pinkel" – eine hausgemachte Fleischeinlage aus Mett, Hafergrütze, Ei und Zwiebeln – oder rheinische Grützwurst.

Als herzhaften, deftigen Snack gab es Pumpernickel, ein dunkles Roggenbrot mit süßlicher Note. Es besteht aus Roggenschrot und vollem Korn, das über Nacht in Wasser eingeweicht wird. Der Teig wird traditionell in einer geschlossenen Form bei etwas über 100 °C eher gedämpft als gebacken. Die lange Backzeit von 16 bis 24 Stunden bewirkt, dass der Zucker im Korn karamellisiert. Daher die dunkle Farbe und das besondere Aroma. Heute wird mitunter allerdings Sirup hinzugefügt, um die dunkle Farbe zu verstärken und die Backzeit zu verkürzen. Deshalb ist es ratsam, beim Kauf im Supermarkt auf die darin enthaltenen Zutaten zu achten.

Mit Pumpernickel wurden wegen seines süßlichen Geschmacks zu Großmutters Zeiten auch herzhafte Desserts zubereitet. Eine etwas leichtere Alternative ist der Arme Ritter – eine Süßspeise, bei der trocken gewordene Weißbrotscheiben zu neuer süßer Ehre kommen.

Gegessen wird, was in den Pott kommt!

Traditionelle Ruhrgebietsküche – typisch, lecker, hausgemacht

Wer denkt nicht an sie, wenn vom „Revier" die Rede ist? Herbert Grönemeyer hat sie besungen und der Duisburger TV-Kommissar Horst Schimanski hat sie zu seinem Leibgericht erklärt: die **Currywurst (2)**. Sie gehört zum Ruhrgebiet wie die rauchenden Schornsteine der Stahlwerke und die Fördertürme der Kohlezechen in die Landschaft zwischen Rhein und Ruhr. Dabei hat die klassische Ruhrpott-Küche weitaus mehr zu bieten als nur die **„Mantaplatte" (1)** – besser bekannt als Currywurst Pommes. Sie rangiert zwar auf der Bekanntheitsskala der typischen Gerichte aus dem „Revier" ganz oben, auch wird die **würzig-scharfe Currysauce (3)** vielerorts in der Region noch selbst zubereitet und oft ist die genaue Mischung heute noch ein gut gehütetes Familienrezept, doch wenn im Pott traditionell „wie bei Muttern" gekocht wird, kommen überraschend vielfältige und feinschmeckertaugliche Gerichte auf den Tisch.

1

2

3

4

5

Die typische Küche ist echte Hausmannskost: bodenständig, deftig und herzhaft. Denn sie musste früher die „Kumpels“ sättigen, die in den Zechen unter Tage oder in den Eisenhüttenwerken an den Hochöfen körperliche Schwerstarbeit leisteten. Damals war die Region „tief im Westen, wo die Sonne verstaubt“ das Zentrum des Kohleabbaus und der Stahlproduktion. Die Kräfte zehrende Arbeit prägte die regionale Küche – reichhaltig, nahrhaft und einfach musste sie sein.

Heute schmeckt die unkomplizierte, schnörkellose Küche aus dem „Revier“ genauso gut wie einst. Einfach zu kochen, lecker und dabei überraschend vielfältig. Denn hier, nördlich des „Weißwurstäquators“, treffen zwei kulinarische Traditionen aufeinander: Die Ruhrpottküche lehnt sich an typische Gerichte aus dem Westfälischen und aus dem Rheinland an.

Zu den Spezialitäten aus Großmutters Zeiten, die zu besonderen Festtagen auf den Tisch kamen, gehören zum Beispiel **„Pfefferpotthast" (7)**: ein Rinderschmorbraten, der mit einem Schuss Bier abgeschmeckt und als Eintopf mit Gewürzgurken oder Roter Bete gegessen wird. Oder: „Panhas", eine Fleischpastete aus Blutwurst und Leberwurst, gebunden mit Buchweizenmehl. Rheinländische Klassiker dagegen sind Sauerbraten oder **Muscheln im Wurzelsud (5)**. Nicht wegzudenken sind natürlich die einfachen, saisonalen Eintöpfe, die täglich „im Pott" auf den Tisch kamen: von **Erbsensuppe (8)** und **Graupeneintopf (4)** bis zur Brotsuppe und zum **„Blindhuhn" (6)**, ein Eintopf mit Schinken, Äpfeln, Birnen und Bohnen, in dem selbst ein blindes Huhn noch etwas Gutes finden würde. Auch die Desserts haben es in sich: zum Beispiel kräftiges Pumpernickel mit Zimt, Rosinen – und Bier.

Neugierig geworden? Gehen Sie auf kulinarische Entdeckungsreise! Kochen Sie, was der Pott hergibt und probieren Sie sich durch vierzig klassische Ruhrpott-Köstlichkeiten von früher bis heute!

Eintöpfe & Suppen

Eintöpfe und Suppen sind typische und sehr beliebte Gerichte des Ruhrpotts. Gemüse, Kartoffeln und Fleisch garen dafür zusammen in einem großen Topf und ergeben schließlich eine köstliche Kombination, die mit verschiedenen Gewürzen verfeinert wird. Besonders im Henkelmännchen machen diese Gerichte früher wie heute eine gute Figur, denn auch nach dem Transport ist der Eintopf herrlich frisch und lecker.

Möhreneintopf

Zutaten (4 Personen):

1 kg mehligkochende Kartoffeln
1 Zwiebel
750 g Möhren
30 g Butter
3 Nelken
1 Lorbeerblatt
½ l Rinderbrühe
Salz
frisch gemahlener schwarzer Pfeffer
1 säuerlicher Apfel, Sorte Boskop
4 geräucherte Mettwürste
1 EL Apfelessig

scharfer Senf, zum Servieren

Zubereitung:

1 Die Kartoffeln schälen und in 2 cm große Würfel schneiden. Die Zwiebeln schälen und in feine Würfel schneiden. Die Möhren waschen, schälen und in 1 cm dicke Scheiben schneiden.

2 Die Butter in einem großen Topf zerlassen. Die Zwiebelwürfel zugeben und kurz anschwitzen, Kartoffelwürfel, Nelken und Lorbeerblatt dazugeben und mit der Brühe aufgießen. Mit Salz und Pfeffer würzen, den Topf mit einem Deckel verschließen und 15 Minuten köcheln.

3 In der Zwischenzeit den Apfel schälen, vierteln, entkernen und in 1 cm große Würfel schneiden. Die Mettwürste mit einem kleinen Holzspieß mehrmals einstechen, damit der austretende Saft das Gericht noch besser würzt. Nach 15 Minuten Kochzeit Möhren, Apfel, Salz, Pfeffer und Mettwürste zugeben und den Topf mit dem Deckel verschließen. Bei kleiner Hitze weitere 15 Minuten köcheln, gelegentlich umrühren.

4 Zum Schluss Apfelessig darüberträufeln, mit einem Holzlöffel gut durchmischen und auf Tellern anrichten. Dazu scharfen Senf reichen.

Tipp:

Je nach Appetit können vier Mettwürstchen mehr mitgekocht werden. Ein Stück Kassler oder auch Bauchspeck passt ebenfalls gut zum Mitkochen in dieses Gericht.

Zubereitungszeit:
45 Minuten

Rindergulasch
mit Butternudeln

Zutaten (4 Personen):

Für das Gulasch:
800 g Zwiebeln
3 Knoblauchzehen
40 ml Sonnenblumenöl
1 EL Tomatenmark
1 kg Rindfleisch, aus der Schulter
Salz
frisch gemahlener schwarzer Pfeffer
2 EL edelsüßes Paprikapulver
800 g gehackte geschälte Tomaten aus der Dose

Für die Nudeln:
350 g Bandnudeln
1 EL Salz
30 g Butter

Zubereitung:

1 Die Zwiebeln schälen, halbieren, den Strunk herausschneiden und der Länge nach in Streifen schneiden. Die Knoblauchzehen schälen, halbieren und fein würfeln. In einem großen Topf das Öl erhitzen. Zuerst Knoblauchwürfel, dann Zwiebelstreifen darin glasig anschwitzen.

2 Die Zwiebelmischung zur Seite schieben und das Tomatenmark hineingeben. Langsam etwas anrösten und dann mit der Zwiebelmischung vermengen.

3 Das Rindfleisch in 4 cm große Würfel schneiden. Mit Salz und Pfeffer würzen. In den Topf geben und mit Paprikapulver bestäuben. Umrühren und weitere 10 Minuten anschwitzen. Dabei darauf achten, dass das Paprikapulver nicht zu dunkel anbrät, da sonst das Gulasch bitter schmecken könnte.

4 Die Tomaten aus den Dosen dazugeben und mit 500 ml Wasser auf-gießen. Aufkochen und dabei öfter umrühren. Mit einem Deckel verschlossen 1 ½ Stunden bei kleiner Hitze köcheln. Zwischendurch umrühren, das Fleisch sollte immer mit Flüssigkeit bedeckt sein. Gegebenenfalls etwas Wasser nachgießen.

5 10 Minuten vor Ende der Garzeit Bandnudeln in reichlich Salzwasser kochen. Durch ein Sieb abgießen und wieder zurück in den Topf geben. Die Butter über die heißen Nudeln geben. Vorsichtig durchschwenken und zusammen mit dem Gulasch servieren.

Zubereitungszeit:
1 ½ Stunden

Biersuppe
mit Bratkartoffeln

Zutaten (4 Personen):

Für die Bratkartoffeln:
600 g festkochende Kartoffeln
2 EL Sonnenblumenöl
Salz
frisch gemahlener schwarzer Pfeffer
2 Zwiebeln
60 g geräucherter Bauchspeck

Für die Suppe:
100 g Rosinen
40 g Zucker
500 ml Bier
2 EL Speisestärke
500 ml Milch
1 Zimtstange
2 daumengroße Stücke Zitronenschale
2 Eier

Zubereitung:

1 Für die Bratkartoffeln Kartoffeln waschen und mit Schale in Salzwasser 20 Minuten kochen. Etwas abkühlen lassen, pellen und in 1 cm dicke Scheiben schneiden. Das Öl in einer beschichteten Pfanne erhitzen und die Kartoffelscheiben hineingeben. Mit Salz und Pfeffer würzen. Bei mittlerer Hitze etwa 10 Minuten braten, zwischendurch schwenken, bis sie Farbe bekommen haben.

2 Die Zwiebeln schälen und in feine Würfel schneiden. Die Schwarte vom Bauchspeck abschneiden, zuerst in Scheiben und dann in feine Streifen schneiden. Die Speckstreifen zugeben und nach weiteren 3 Minuten die Zwiebelwürfel. Noch so lange weiterbraten, bis die Kartoffelscheiben goldgelb geröstet sind und der Speck knusprig ist. Die Bratkartoffeln beiseitestellen und warmhalten.

3 Für die Suppe Rosinen und Zucker in einen Topf geben und mit Wasser bedecken. Aufkochen und bei geringer Hitze 10 Minuten köcheln.

4 Die Stärke mit 3 Esslöffeln Bier glatt rühren, restliches Bier in den Topf zur Rosinenmischung geben und aufkochen. Mit der angerührten Speisestärke binden und beiseitestellen.

5 Die Milch mit Salz, Zimtstange und Zitronenschale aufkochen. Unter ständigem Rühren die Bier-Rosinen-Mischung zugießen und aufkochen.

6 Die Eier trennen und das Eiweiß mit einer Prise Salz steif schlagen. Anschließend das Eigelb in die Suppe rühren und den Eischnee vorsichtig unterheben. Die Suppe abschmecken und zusammen mit den Bratkartoffeln servieren.

Zubereitungszeit:
45 Minuten

Feine Brotsuppe

Zutaten (4 Personen):

3 Roggenbrotscheiben
1 Zwiebel
40 g Butter
½ TL Kümmel
½ TL Sonnenblumenöl
Salz
frisch gemahlener schwarzer Pfeffer
½ TL Zucker
250 ml Bier
1 l Rinderbrühe
150 ml Sahne
Für die Croutons:
2 Roggenbrotscheiben
100 g Leberwurst, nach Geschmack feine oder grobe

Zubereitung:

1 Die Roggenbrotscheiben in kleine Würfel schneiden. Die Zwiebel schälen und in feine Würfel schneiden.

2 Die Butter in einer Kasserolle zerlassen und die Zwiebelwürfel darin glasig dünsten. Die Brotwürfel zugeben und 5 Minuten langsam rösten, ohne dass dabei die Zwiebelwürfel zu dunkel werden. Den Kümmel mit dem Öl beträufeln und mit einem großen Messer fein hacken. Über die Brotwürfel geben, salzen, pfeffern und mit dem Zucker würzen.

3 Mit dem Bier ablöschen und aufkochen. Mit der Rinderbrühe aufgießen und 20 Minuten köcheln. Die Sahne in die fertig gekochte Suppe gießen, mit einem Stabmixer fein pürieren und mit Salz und Pfeffer abschmecken.

4 Für die Croutons die Brotscheiben knusprig toasten. Mit Leberwurst bestreichen und in Rauten schneiden. Die heiße Suppe in Teller geben. Die bestrichenen Brotrauten auf einen kleinen Teller separat zur Suppe reichen.

Tipp:

Durch das Öl springen die Kümmelsamen nicht weg und lassen sich so mühelos fein hacken. Feingeschnittene Schnittlauchröllchen geben der Suppe etwas frische Schärfe.

Zubereitungszeit:
45 Minuten

Grobe Erbsensuppe
mit Speckstreifen

Zutaten (4 Personen):

300 g getrocknete Erbsen
400 g geräucherter Bauchspeck
2 Zwiebeln
30 g Butter
2 Möhren
½ Porreestange
100 g Knollensellerie
300 g festkochende Kartoffeln
Salz
frisch gemahlener schwarzer Pfeffer
1 TL getrockneter Majoran
1 Lorbeerblatt
frisch geriebene Muskatnuss
1 ½ l Rinderbrühe

Einige Scheiben Graubrot, zum Servieren

Zubereitung:

1 Die Erbsen in 2 Liter kaltem Wasser für 6 Stunden einweichen.

2 Den Speck in 1 cm dicke Scheiben schneiden. Die Zwiebeln schälen, halbieren, den Strunk herausschneiden und die Zwiebelhälften der Länge nach in Streifen schneiden. Die Butter in einem Topf zerlassen, die Speckstreifen darin goldgelb anrösten und die Zwiebelstreifen hineingeben. Weitere 10 Minuten langsam weiterrösten, bis die Zwiebeln sehr weich sind.

3 Die Möhren und die Lauchstange der Länge nach halbieren und in schräge Scheiben schneiden. Den Knollensellerie und die Kartoffeln schälen, in 2 cm dicke Stifte, dann in schräge Stücke schneiden. In den Topf geben, mit Salz, Pfeffer, Majoran, Lorbeerblatt und Muskatnuss würzen. Weitere 5 Minuten anschwitzen.

4 Die eingeweichten Erbsen durch ein Sieb abgiessen und mit kaltem Wasser abwaschen. In den Topf geben und 5 Minuten lang mitdünsten.

5 Mit der Rinderbrühe aufgießen und aufkochen. Gelegentlich umrühren und etwa 45 Minuten bei mittlerer Hitze köcheln.

6 Zum Schluss die Suppe noch kräftig mit Pfeffer und Muskatnuss abschmecken. In Suppenschalen geben und mit Graubrot servieren.

Tipp:

In einem separaten Topf Wiener Würstchen im Wasser erhitzen und dazu servieren.

Zubereitungszeit:
75 Minuten

Einweichzeit:
6 Stunden

Graupeneintopf mit Rippchen und Kassler

Zutaten (4 Personen):

500 g Rippchen
3 EL Sonnenblumenöl
500 g Kassler, geräuchert
Salz
frisch gemahlener schwarzer Pfeffer
2 Zwiebeln
200 g Möhren
¼ Sellerieknolle
2 kleine Petersilienwurzeln
200 g festkochende Kartoffeln
150 g Perlgraupen
1 Lorbeerblatt
3 Nelken
1 TL getrockneter Majoran
2 l Rinderbrühe
1 Bund glatte Petersilie

Zubereitung:

1 Die Rippchen zwischen den Knochen durchschneiden. Das Kassler in 2 cm dicke Scheiben, dann in 2 cm große Würfel schneiden. Das Öl in einer großen Stielkasserolle erhitzen und die Rippchen hineinlegen. Salzen, pfeffern und 10 Minuten von beiden Seiten anbraten.

2 Die Zwiebeln, Möhren, Knollensellerie und Petersilienwurzeln schälen. Alles in 1 cm große Würfel schneiden. Die Kartoffeln ebenfalls schälen und in 2 cm große Würfel schneiden.

3 In der Zwischenzeit die Graupen unter fließendem, kaltem Wasser gründlich abspülen. Zusammen mit Gemüse- und Kartoffelwürfeln in den Topf geben. Mit Salz, Pfeffer, Lorbeerblatt, Nelken und Majoran würzen und 5 Minuten zusammen anschwitzen.

4 Den Kassler zugeben, den Eintopf mit der Rinderbrühe aufgießen. Bei mittlerer Hitze etwa 35 Minuten köcheln, dabei öfter umrühren.

5 Die Petersilie waschen, die Blätter von den Stielen abzupfen und grob schneiden.

6 Den fertigen Eintopf mit Salz und Pfeffer abschmecken. Die Petersilie darüber streuen und servieren.

Tipp:

Gepökelte Stücke vom Eisbein oder Bauchspeck machen die Suppe noch würziger. Dabei aber beachten, dass das Eisbein vorher 30 Minuten separat in Wasser kochen muss. Danach erst zum Weiterkochen in den Eintopf geben.

Zubereitungszeit:
1 Stunde

Grünkohleintopf
mit Mettwurst

Zutaten (4 Personen):

2 kg Grünkohl
2 Zwiebeln
4 Möhren
½ kg festkochende Kartoffeln
50 g Schweineschmalz
Salz
frisch gemahlener schwarzer Pfeffer
6 geräucherte Mettwürste
2 EL scharfer Senf, plus Senf zum Servieren
½ TL Zucker

Zubereitung:

1 Die welken und fleckigen Blätter vom Grünkohl entfernen. Den Grünkohl von den dicken Strünken abzupfen und mehrmals waschen.

2 In reichlich Salzwasser 1 Minute kochen. Mit einer Schaumkelle in eine Schüssel mit Eiswasser geben und den Grünkohl darin auskühlen lassen. Durch ein Sieb abgießen, abtropfen und mit den Händen das Wasser gut ausdrücken.

3 Die Zwiebeln schälen, halbieren, den Strunk herausschneiden und die Zwiebelhälften der Länge nach in Streifen schneiden. Die Möhren und Kartoffeln schälen und in 2 cm große Stücke schneiden. In einer großen Kasserolle das Schweineschmalz erhitzen, Zwiebelstreifen, Möhren- und Kartoffelwürfel zugeben und anschwitzen.

4 Den Grünkohl darübergeben, salzen, pfeffern und mit 500 ml Wasser aufgießen. Die Mettwürste zum Grünkohl geben und vorsichtig mit diesem bedecken. Den Topf mit einem Deckel verschließen und bei mittlerer Hitze 1 Stunde köcheln.

5 Die Würste herausnehmen und warm halten. Den Grünkohleintopf mit Senf, Zucker und Pfeffer abschmecken und gut verrühren. Den fertigen Grünkohleintopf auf einer Platte anrichten und die Würste, in Stücke geschnitten oder im Ganzen, darauf servieren.

Zubereitungszeit:
1 ½ Stunden

Micken

Zutaten (12 Stück):

500 g Mehl
21 g Hefe
500 ml Milch
75 g Zucker
75 g Butter, plus etwas mehr zum Einfetten
1 Prise Salz
1 Ei

40 g zerlassene Butter

Zubereitung:

1 Das Mehl in eine Schüssel sieben, in die Mitte eine Mulde drücken. Die Hefe in etwa 100 ml Milch auflösen, etwas Zucker zugeben und in die Mehlmulde gießen. Die Schüssel mit einem Küchentuch bedecken und den Vorteig 15 Minuten gehen lassen.

2 Die restliche Milch und restlichen Zucker, Butter, Salz und Ei zugeben und zu einem glatten Teig schlagen. Zugedeckt erneut 30 Minuten gehen lassen, bis der Teig das Doppelte seines Volumens erreicht hat.

3 Den Backofen auf 180 °C vorheizen.

4 Aus dem Teig 12 gleichmäßig große Brötchen formen. In eine gebutterte Backform dicht nebeneinandersetzen und nochmals 15 Minuten mit einem Küchentuch zugedeckt gehen lassen.

5 In den Backofen auf mittlere Schiene geben und 15 Minuten backen. Nun mit der zerlassenen Butter großzügig bestreichen. Weitere 10 Minuten goldgelb fertigbacken. Herausnehmen und auf einem Gitterblech auskühlen lassen.

6 Als Brotersatz zu Eintöpfen, Pfefferpotthast oder Gulasch servieren.

Zubereitungszeit:
40 Minuten

Ruhezeit:
1 Stunde

Fleisch, Fisch & Gemüse

Nicht nur die Namen, sondern auch die Kombination von Fisch, Fleisch und Gemüse lassen ein Gericht als „typisch Ruhrpott" erscheinen. Butterschmalz sowie Speck gehören ebenso zu den Grundzutaten, die gemeinsam mit Wirsing, Grünkohl, Spitzkohl oder Weißkohl dem Gericht erst die nötige Raffinesse verleihen. Deftig und lecker ist die Devise.

Strammer Max

Zutaten (1 Person):

1 Scheibe Bauernbrot
20 g Butter
50 g gekochter Schinken, in Scheiben
1 EL Sonnenblumenöl
2 Eier
Salz
frisch gemahlener schwarzer Pfeffer
2 Cornichons

Zubereitung:

1 Die Brotscheibe mit der Butter bestreichen und auf einen Teller legen. Den gekochten Schinken darauf verteilen.

2 Das Öl in einer Pfanne erhitzen und Eier zu Spiegeleiern braten. Mit Salz und Pfeffer würzen und auf das Schinkenbrot legen.

3 Die Cornichons der Länge nach halbieren und zum Strammen Max dazulegen.

Tipp:

Das Brot zusätzlich mit mittelaltem Gouda belegen – ein solcher „Strammer Max und Moritz" schmeckt noch herzhafter.

Zubereitungszeit:
10 Minuten

Bottroper Schlacht

Zutaten (4 Personen):

Backblech: 30 cm x 40 cm
400 g Pizzateig, Tiefkühlware aufgetaut
400 ml passierte Tomaten, aus der Dose
1 TL getrockneter Oregano
Salz
frisch gemahlener schwarzer Pfeffer
1 EL Olivenöl
2 EL Sonnenblumenöl
4 Stück Bratwurst
300 g Pommes Frites, fertig gebacken
2 TL Currypulver
100 g Pizzakäse, gerieben

Zubereitung:

1 Den Backofen auf 200 °C vorheizen.

2 Den Pizzateig auf einem mit Backpapier ausgelegten Backblech auslegen. Die Tomaten mit Oregano, Salz, Pfeffer und Olivenöl mit einem Schneebesen verrühren. Drei Viertel der Menge auf dem Pizzateig verteilen und 10 Minuten im Backofen backen.

3 Das Sonnenblumenöl in einer Pfanne erhitzen und die Bratwürste darin 4 Minuten von jeder Seite braten. Die Bratwürste in 2 cm dicke Scheiben schneiden.

4 Die Pizza aus dem Ofen nehmen, dicht mit den Pommes belegen und die Bratwurstscheiben darauf verteilen.

5 Die restliche Tomatensauce mit einem Esslöffel darüber verteilen, mit dem Currypulver bestäuben und mit dem Pizzakäse bestreuen.

6 Weitere 10 Minuten im Backofen fertig backen. Herausnehmen, wenn der Käse goldgelb ist und je nach Geschmack mit zusätzlichem Currypulver bestreuen. In Stücke schneiden und servieren.

2

Tipp:

Tomatenketchup oder Mayonnaise können ebenso dazu gereicht werden.

3

4

Zubereitungszeit:
35 Minuten

Pfefferpotthast

Zutaten (4 Personen):

1 kg Rindfleisch, aus der Keule
500 g Zwiebeln
70 g Schweineschmalz
Salz
frisch gemahlener schwarzer Pfeffer
2 Lorbeerblätter
3 Nelken
200 ml Bier
1 l Rinderbrühe
3 EL Semmelbrösel
Schale von ½ Zitrone
2 EL Kapern
10 kleine Gewürzgurken, zum Garnieren

Zubereitung:

1 Das Rindfleisch in 3 cm x 3 cm große Würfel schneiden. Die Zwiebeln schälen und in Würfel schneiden.

2 Das Schweineschmalz in einer Kasserolle erhitzen. Das Rindfleisch mit Salz und Pfeffer würzen, in den Topf geben und 15 Minuten von beiden Seiten anbraten. Die Zwiebelwürfel, Lorbeerblätter und Nelken zum Fleisch dazugeben und weitere 10 Minuten bei mittlerer Hitze anbraten.

3 Mit dem Bier ablöschen und einkochen lassen. Mit der Rinderbrühe aufgießen, die Semmelbrösel einstreuen und zugedeckt 70 Minuten köcheln. Dabei gelegentlich umrühren und gegebenenfalls mit etwas Wasser aufgießen, sodass das Fleisch immer knapp bedeckt ist.

4 Mit einer Gabel prüfen, ob das Fleisch weich ist. Dabei in ein Fleischstück stechen. Die Gabel muss sich leicht aus dem Fleisch herausziehen lassen.

5 Zum Schluss den „Pott" mit geriebener Zitronenschale, Kapern und reichlich frisch gemahlenem Pfeffer abschmecken. Auf Tellern anrichten und mit den in Streifen geschnittenen Gewürzgurken garnieren.

Tipp:

Gekochte Butterkartoffeln oder frisches Bauernbrot und natürlich ein kühles Bier schmecken hervorragend zu diesem deftig-würzigen Gericht.

Zubereitungszeit:
1 ¾ Stunden

Potthucke

Zutaten (4 Personen):

800 g mehligkochende Kartoffeln
200 g in der Schale gekochte Kartoffeln
200 ml Sahne
4 Eier
Salz
frisch gemahlener schwarzer Pfeffer
1 TL getrockneter Majoran
frisch geriebene Muskatnuss
4 Stück geräucherte Mettwürste
100 g geräucherter Bauchspeck

Zubereitung:

1 Die rohen Kartoffeln schälen und in eine Schüssel fein reiben. Die gekochten Kartoffeln pellen und auf derselben, feinen Reibe zu den rohen Kartoffeln reiben.

2 Die Kartoffelmasse mit Sahne, Eiern, Salz, Pfeffer, Majoran und geriebener Muskatnuss vermischen.

3 Den Backofen auf 200 °C vorheizen.

4 Die Mettwürste in 2 cm dicke Scheiben schneiden. Die Schwarte vom Bauchspeck abschneiden und den Bauchspeck in kleine Würfel schneiden.

5 Die geschnittenen Mettwürste in eine Auflaufform (1 l Inhalt) geben und auf dem Boden verteilen. Mit der Kartoffelmasse begießen und mit den Speckwürfeln bestreuen. Auf die mittlere Schiene des Backofens geben und 30 Minuten backen. Danach die Temperatur auf 180 °C reduzieren und weitere 30 Minuten backen. Herausnehmen, mit einem Messer in Stücke schneiden und servieren.

Tipp:

Dazu kann frischer grüner Salat oder hausgemachtes Apfelkompott gereicht werden.

Zubereitungszeit:
1 ½ Stunden

Grünkohl
mit Pinkel

Zutaten (4 Personen):

2 kg Grünkohl
2 Zwiebeln
100 g Schweineschmalz
250 g geräucherter Bauchspeck
500 g Kassler
Salz
frisch gemahlener schwarzer Pfeffer
3 EL Haferflocken
4 Stück Pinkel
2 EL scharfer Senf, plus Senf zum Servieren
½ TL Zucker

Zubereitung:

1 Die welken und fleckigen Blätter vom Grünkohl entfernen. Den Grünkohl von den dicken Strunken abzupfen und mehrmals waschen. In reichlich Salzwasser 1 Minute kochen. Mit einer Schaumkelle in eine Schüssel mit Eiswasser geben und den Grünkohl auskühlen lassen. In ein Sieb zum Abtropfen geben und darin das Wasser mit den Händen gut ausdrücken.

2 Die Zwiebeln schälen, halbieren, den Strunk herausschneiden und die Zwiebelhälften der Länge nach in Streifen schneiden. In einer großen Kasserolle das Schweineschmalz erhitzen, die Zwiebelstreifen zugeben und glasig anschwitzen.

3 Den geräucherten Bauchspeck und das Kassler zu den Zwiebeln geben und von beiden Seiten hell anschwitzen.

4 Den Grünkohl darüber geben, salzen, pfeffern und mit den Haferflocken bestreuen. Mit 500 ml Wasser aufgießen.

5 Mit einem Deckel verschließen und bei mittlerer Hitze ½ Stunde köcheln. Dabei gelegentlich umrühren. Den Pinkel in die Kasserolle geben und vorsichtig mit dem Grünkohl bedecken. Weitere 15 Minuten köcheln.

6 Zum Schluss den Pinkel, Bauchspeck und Kassler herausnehmen und warm halten. Den Grünkohl mit Senf, Zucker und Pfeffer abschmecken und gut vermischen. Den fertigen Grünkohl auf einer Platte anrichten und den Pinkel, den in Stücke geschnittenen Bauchspeck sowie das Kassler darauf verteilen und servieren.

Zubereitungszeit:
1 ½ Stunden

Schnippelbohnen-Durcheinander

Zutaten (4 Personen):

650 g grüne Bohnen
1 kg mehligkochende Kartoffeln
50 g Butter
4 Eier
200 g Crème fraîche
Salz
frisch gemahlener schwarzer Pfeffer

Zubereitung:

1 Den Stielansatz der Bohnen abbrechen. Die feinen Spitzen nicht entfernen. In ein Sieb geben, unter fließendem Wasser waschen, abtropfen lassen und schräg in 4 cm lange Stücke schneiden. In siedendem Salzwasser 6-8 Minuten kochen. Herausnehmen und unter kaltem, fließendem Wasser abschrecken. In eine Schüssel geben und beiseitestellen.

2 Die Kartoffeln waschen, schälen und vierteln. In einem Topf mit Wasser aufsetzen und salzen. Etwa 20 Minuten weich kochen und das Wasser abschütten. Die Butter in Scheiben schneiden und mit einem Holzkochlöffel in die Kartoffeln stampfen.

3 Die Eier in 10 Minuten hart kochen, abschrecken und pellen. Die gekochten Bohnen und die Crème fraîche zu dem Kartoffelstampf geben und mit Salz und Pfeffer abschmecken. Alles gut miteinander vermischen, auf Tellern verteilen und die geviertelten Eier darauf anrichten.

Tipp:

Dazu schmecken gekochtes Kassler, Frikadellen oder grobe Bratwürste.

Zubereitungszeit:
45 Minuten

Panhas

Zutaten (4 Personen):

2 Zwiebeln
1 Knoblauchzehe
75 g geräucherter Bauchspeck
1 Stück Blutwurst
1 Stück Leberwurst
50 g Butter
1 TL getrockneter Majoran
½ TL gemahlener Kümmel
frisch geriebene Muskatnuss
½ l Rinderbrühe
Salz
frisch gemahlener schwarzer Pfeffer
150 g Buchweizenmehl
einige Blätter Petersilie, zum Garnieren
4-8 Scheiben Schwarzbrot, zum servieren

Zubereitung:

1 Die Zwiebeln und den Knoblauch schälen und fein würfeln. Den Bauchspeck in kleine Würfel schneiden. Die Blut- und Leberwurst aus der Pelle schälen und in 1 cm große Würfel schneiden. In einer Kasserolle 30 g Butter aufschäumen lassen, Speck-, Zwiebel- und Knoblauchwürfel dazugeben und 5 Minuten goldgelb anbraten.

2 Die Blut- und Leberwurststücke dazugeben und mit Majoran, Kümmel und Muskatnuss würzen. So lange anschwitzen, bis sich die Würste aufgelöst haben.

3 Mit der Rinderbrühe aufgießen, salzen, pfeffern und einmal aufkochen.

4 Das Buchweizenmehl einstreuen, mit einem Schneebesen gut untermischen und unter ständigem Rühren bei mittlerer Hitze 5 Minuten köcheln.

5 Die Masse in eine mit Frischhaltefolie ausgelegte Schale füllen, mit Frischhaltefolie abdecken und 3 Stunden im Kühlschrank auskühlen lassen.

6 Die Wurstmasse aus der Schüssel stürzen, die Frischhaltefolie abnehmen und die Masse in 2 cm dicke Scheiben schneiden. Die restliche Butter in einer beschichteten Pfanne aufschäumen lassen und die Panhasscheiben von beiden Seiten 5 Minuten braten.

7 Herausnehmen und auf Tellern anrichten. Mit der Petersilie garnieren und mit dem Schwarzbrot servieren.

Zubereitungszeit:
35 Minuten

Ruhezeit:
3 Stunden

Blindhuhn mit Gurkensalat

Zutaten (4 Personen):

400 g geräucherter Bauchspeck
500 g grüne Bohnen
200 g Möhren
500 g mehligkochende Kartoffeln
2 Birnen, Sorte Gute Luise
2 Äpfel, Sorte Elstar
Salz
frisch gemahlener schwarzer Pfeffer
Für den Gurkensalat:
1 Salatgurke
2 EL Apfelessig
Salz
frisch gemahlener schwarzer Pfeffer
½ TL Zucker
4 EL Sonnenblumenöl
½ Bund Schnittlauch
½ Bund Dill

Zubereitung:

1 Den geräucherten Bauchspeck in einen Topf mit kochendem Wasser geben und 30 Minuten bei mittlerer Hitze köcheln.

2 Den Stielansatz der Bohnen abbrechen. Die feinen Spitzen nicht entfernen. In ein Sieb geben, unter fließendem Wasser waschen, abtropfen lassen und in 3 cm lange Stücke schneiden. Die Möhren und die Kartoffeln schälen und in 2 cm große Würfel schneiden.

3 Die Birnen und die Äpfel schälen, das Kerngehäuse mit einem kleinen Messer herausschneiden und in 1 cm große Stücke schneiden.

4 Nachdem der Speck 30 Minuten gekocht hat, Kartoffeln, Möhren, Bohnen, Äpfel und Birnen zugeben. Mit Salz und Pfeffer würzen und bei mittlerer Hitze 40 Minuten kochen lassen. Gelegentlich umrühren.

5 In der Zwischenzeit die Salatgurke schälen und auf einer Reibe in Scheiben hobeln.

6 Den Essig mit Salz, Pfeffer und Zucker verrühren bis sich der Zucker aufgelöst hat. Das Öl zugeben und gut verrühren. Den Schnittlauch und den Dill waschen und abtropfen lassen. Den Schnittlauch in feine Röllchen schneiden, die Dillspitzen abzupfen und fein schneiden. Die Kräuter in die Salatsauce geben und mit den Gurkenscheiben vermischen. Bis zum Servieren abgedeckt im Kühlschrank aufbewahren.

7 Den gekochten Bauchspeck aus dem Topf nehmen und in 1 cm dicke Stücke schneiden. Zusammen mit dem Eintopf auf Tellern verteilen. Den Gurkensalat dazu separat in Schälchen servieren.

Zubereitungszeit:
70 Minuten

Flattermann in Wein

Zutaten (4 Personen):

4 Hähnchenschenkel
3 Möhren
1 Petersilienwurzel
1 Zwiebel
3 Knoblauchzehen
1 Zweig Oregano
1 Lorbeerblatt
½ TL schwarze Pfefferkörner
½ l trockener Rotwein
50 g Butter
1 EL Tomatenmark
40 ml deutschen Weinbrand
500 ml Hühner- oder Rinderbrühe
150 g Champignons
1 Schalotte
50 g geräucherter Bauchspeck
100 g Geflügelleber
2 EL Sonnenblumenöl
Salz
frisch gemahlener schwarzer Pfeffer
300 g Bandnudeln

Zubereitungszeit:
1 ½ Stunden

Marinierzeit:
6 Stunden

Zubereitung:

1 Die Hähnchenschenkel mit einem Messer im Gelenk durchschneiden und in eine Schale geben. Die Möhren, Petersilienwurzel und Zwiebel schälen, in grobe Stücke schneiden und zusammen mit den ungeschälten Knoblauchzehen über die Hähnchenteile geben. Das Oregano, das Lorbeerblatt und Pfefferkörner darüberstreuen und mit Rotwein begießen, sodass die Hähnchenteile bedeckt sind. Mit Frischhaltefolie abdecken und im Kühlschrank mindestens 6 Stunden, am besten aber über Nacht, marinieren lassen.

2 Die Hähnchenteile aus der Marinade nehmen und auf einem Küchenpapier abtropfen lassen. Das Gemüse durch ein Sieb abgießen und den Wein dabei in einer Schüssel auffangen. In einer breiten Kasserolle 30 g Butter aufschäumen lassen. Die Hähnchenteile mit Salz und Pfeffer würzen und in der Butter von beiden Seiten hellbraun anbraten.

3 Das Gemüse zugeben und weitere 10 Minuten hell anrösten. Das Tomatenmark auf eine Seite des Topfbodens geben und 1 Minute rösten. Danach mit allen Zutaten verrühren. Mit dem Weinbrand ablöschen, einen brennenden Holzspieß in den Topf halten und so flambieren.

4 Mit dem Wein aufgießen und bei mittlerer Hitze so lange weiter garen, bis der Wein verkocht ist, dabei die Hähnchenteile gelegentlich wenden. Mit der Brühe aufgießen, den Topf mit einem Deckel verschließen und etwa 35 Minuten leise köcheln.

5 In der Zwischenzeit die Champignons putzen und vierteln. Die Schalotte schälen und fein würfeln. Den Speck in feine Würfel und die Geflügelleber in 2 cm dicke Streifen schneiden.

6 Die Bandnudeln nach Packungsanleitung in reichlich Salzwasser kochen, durch ein Sieb abgießen und in der restlichen Butter schwenken.

7 Das Öl in einer Pfanne erhitzen, die Champignons hineingeben, salzen, pfeffern und hellbraun anbraten. Die Speck-, Schalottenwürfel und Geflügelleber dazugeben und 2 Minuten braten. Über den fertig geschmorten Hähnchenkeulen verteilen und mit den Butternudeln auf Tellern anrichten.

2
3

Schnitzel nach Ruhrgebietsart

Zutaten (4 Personen):

8 grüne eingelegte Peperoni
1 Zwiebel
1 Knoblauchzehe
4 EL Sonnenblumenöl
100 ml Curry-Ketchup
100 ml Sweet-Chilli-Sauce
300 g Crème fraîche
4 Schweineschnitzel, je 200 g
Salz
frischer gemahlener schwarzer Pfeffer
1 TL scharfer Senf
4 Scheiben mittelalter Gouda

Zubereitung:

1 Die Peperoni klein schneiden. Die Zwiebel und den Knoblauch schälen und in feine Würfel schneiden. 2 Esslöffel Öl in einer Pfanne erhitzen. Die Zwiebel, Knoblauch und Peperoni in die Pfanne geben und goldgelb anbraten.

2 Mit 100 ml Wasser ablöschen und einkochen. Den Curry-Ketchup und die Sweet-Chilli-Sauce dazugeben und weitere 5 Minuten köcheln. Zum Schluss die Crème fraîche unterrühren und einmal aufkochen.

3 Den Backofen auf 190 °C mit Oberhitze vorheizen.

4 Die Schweineschnitzel salzen, pfeffern und mit dem Senf bestreichen. Das restliche Öl in einer Pfanne erhitzen, die Schnitzel einlegen und von beiden Seiten hellbraun anbraten. Aus der Pfanne nehmen und in eine breite Auflaufform legen.

5 Die Schnitzel mit der Sauce bedecken, den Käse darauf verteilen und für etwa 15 Minuten in den Backofen geben. Herausnehmen und sofort servieren.

Tipp:

Dieses „Ruhrpott-Spezialgericht“ mit Baguette, Pommes oder gekochtem Reis servieren.

Zubereitungszeit:
35 Minuten

Mantaplatte
Currywurst Pommes

Zutaten (4 Personen):

1 kg große, mehligkochende Kartoffeln
2 l Erdnussöl, zum Frittieren
2 Zwiebeln
350 ml Ketchup
Salz
frisch gemahlener schwarzer Pfeffer
2 EL Currypulver
4 feine Bratwürste

Zubereitung:

1 Die Kartoffeln waschen, schälen und in 1 cm dicke Stifte schneiden. Die Kartoffelstifte für 30 Minuten ins kalte Wasser legen. Das Wasser öfter wechseln, um die Stärke aus den Kartoffeln zu waschen. So werden die Pommes später schön knusprig.

2 Die Kartoffelstifte in einer Salatschleuder portionsweise trockenschleudern. Auf ein sauberes Küchentuch zum Abtrocknen geben. Das Öl in einem großen Topf auf 160 °C erhitzen und die Kartoffelstifte darin für 4 Minuten vorfrittieren, herausnehmen, auf einem Backblech verteilen und auskühlen lassen.

3 Für die Currysauce die Zwiebeln schälen und in grobe Stücke schneiden. 200 ml Wasser in einen Topf geben, Zwiebeln hinzufügen und 10 Minuten langsam köcheln. Das Zwiebelwasser durch ein Sieb in einen Topf abgießen, den Ketchup dazugeben, mit Salz, Pfeffer und Currypulver würzen und aufkochen.

4 Das Öl auf 180 °C erhitzen und die vorgegarten Kartoffelstifte für etwa 5 Minuten goldbraun frittieren. Die fertigen Pommes in eine Schüssel mit Küchenpapier geben und salzen.

5 In der Zwischenzeit die Bratwürste einschneiden und in einer Pfanne in 2 Esslöffeln Öl von beiden Seiten braun braten.

6 Die Wurst auf Teller geben, Sauce und Currypulver je nach Geschmack darauf verteilen und die knusprigen Pommes dazu servieren.

Zubereitungszeit:
1 Stunde

1
4

Kohlrouladen
in Zwiebel-Speck-Sauce

Zutaten (4 Personen):

Für die Füllung:
½ kg gemischtes Hackfleisch
4 EL Semmelbrösel
2 Eier
1 EL scharfer Senf
½ TL getrocknetes Bohnenkraut
Salz
frischer gemahlener schwarzer Pfeffer
1 großer Weißkohl
4 Zwiebeln
150 g geräucherter Bauchspeck
60 g Schweineschmalz
½ TL Kümmel
½ TL Sonnenblumenöl
1 EL Tomatenmark
½ l Rinderbrühe

Für die Kartoffeln:
1 kg festkochende Kartoffeln
20 g Butter

Zubereitungszeit:
2 Stunden

Zubereitung:

1 Das Hackfleisch in eine Schüssel mit Semmelbröseln, Eiern, Senf, Bohnenkraut, Salz und Pfeffer geben, gut vermengen und kräftig abschmecken.

2 Die welken Blätter vom Weißkohl entfernen und den Strunk herausschneiden. Die äußeren Blätter vorsichtig von innen nach außen drücken und abnehmen, so lassen sie sich gut lösen.

3 Die Blätter in einen Topf mit reichlich kochendem Wasser geben, etwa 5 Minuten kochen und in einer Schüssel mit Eiswasser auskühlen lassen. Herausnehmen, auf einem Küchentuch abtrocknen lassen und den Strunk zur Hälfte herausschneiden.

4 Jeweils 8 Kohlblätter auslegen und die Hackfleischfüllung darauf verteilen. Die Seiten nach innen schlagen, zu einer Roulade rollen und mit dem Küchengarn binden.

5 Die Zwiebeln schälen, halbieren, den Strunk herausschneiden und die Hälften der Länge nach in Streifen schneiden. Die Schwarte vom Bauchspeck abschneiden, zunächst in dünne Scheiben, dann in feine Streifen schneiden. Das Schweineschmalz in einer Kasserolle erhitzen, die Speckstreifen darin auslassen und die Zwiebelstreifen zugeben. Den Kümmel mit dem Öl beträufeln und fein hacken. Zusammen mit Tomatenmark zu den Zwiebeln geben und 5 Minuten rösten.

6 Die Rouladen in den Topf geben und von beiden Seiten anschwitzen. Mit der Rinderbrühe aufgießen, mit einem Deckel verschließen und etwa 50 Minuten bei mittlerer Hitze schmoren. Dabei die Rouladen gelegentlich wenden.

7 In der Zwischenzeit die Kartoffeln waschen, schälen und in grobe Stücke schneiden. In einem Topf mit Wasser aufsetzen, salzen und 20 Minuten kochen. Abschütten und die Butter zu den Kartoffeln geben, durchschwenken und zusammen mit den Rouladen auf Tellern anrichten.

Senfrostbraten

Zutaten (4 Personen):

5 Zwiebeln
50 g Butter
Salz
frisch gemahlener schwarzer Pfeffer
300 g Stielmus, entspricht 2 mittleren Bund
frisch geriebene Muskatnuss
1 TL Zucker
4 Stück Entrecôte, je 250 g
2 EL scharfer Senf
3 EL Mehl
4 EL Sonnenblumenöl
300 ml Rinderbrühe
300 ml Sahne

Zubereitung:

1 Die Zwiebeln schälen und in feine Würfel schneiden. 30 g Butter in einer Pfanne aufschäumen lassen. Die Zwiebelwürfel dazugeben, mit Salz und Pfeffer würzen. Bei mittlerer Hitze etwa 10 Minuten goldgelb rösten und beiseitestellen.

2 Das Stielmus waschen, trocken schütteln, den Strunk abschneiden, die welken Blätter entfernen und in 5 cm lange Stücke schneiden. Die restliche Butter in einer Kasserolle aufschäumen lassen und das Stielmus dazugeben. Mit Salz, Pfeffer, Muskatnuss und Zucker würzen. Die Kasserolle mit einem Deckel verschließen und etwa 10 Minuten dünsten.

3 Die Entrecôtes mit Salz und Pfeffer würzen. Mit Senf bestreichen und in Mehl wenden. Das Öl in einer Pfanne erhitzen und die Fleischscheiben von beiden Seiten jeweils 2 Minuten anbraten. Herausnehmen, auf einen Teller geben und mit Alufolie bedeckt warm halten.

4 Den Bratensatz in der Pfanne mit der Rinderbrühe ablöschen und auf die Hälfte einkochen. Die Sahne zugießen und weitere 5 Minuten köcheln. Die Sauce durch ein feines Sieb in eine Pfanne passieren und die angebratenen Fleischstücke, sowie den Bratensaft vom Teller hineingeben und zusammen aufkochen.

5 Das Fleisch mit der Sauce auf Tellern anrichten, die Zwiebelwürfel darauf verteilen und das Stielmus dazugeben.

Tipp:

Falls kein Stielmus erhältlich sein sollte, kann Blattspinat oder Kohlrabi auf dieselbe Art zubereitet und dazu serviert werden.

Zubereitungszeit:
1 Stunde

Bierhähnchen
in Sahnesauce

Zutaten (4 Personen):

Für die Marinade:
1 Hähnchen, 1,5 – 1,8 kg
1 l Bier
2 Zweige Thymian

2 Zwiebeln
150 g geräucherter Bauchspeck
Salz
frisch gemahlener schwarzer Pfeffer
1 EL Mehl
40 g Butter
300 ml Sahne

Zubereitung:

1 Das Hähnchen mit einem Messer in acht Stücke zerteilen und in eine Schüssel geben. Mit dem Bier übergießen, die Thymianzweige dazugeben, mit Frischhaltefolie abdecken und im Kühlschrank 6 Stunden, am besten aber über Nacht, marinieren.

2 Die Zwiebeln schälen und in feine Würfel schneiden. Die Speckschwarte vom Bauchspeck abschneiden und den Speck zunächst in dünne Scheiben, dann in feine Streifen schneiden.

3 Die Hähnchenteile aus der Marinade nehmen, abtropfen lassen und mit Küchenpapier trockentupfen. Mit Salz und Pfeffer würzen und die Hähnchenteile mit Mehl bestäuben. Die Butter in einer breiten Kasserolle aufschäumen lassen und die Hähnchenteile darin von beiden Seiten goldgelb anbraten. Zuerst die Speckwürfel, dann die Zwiebelwürfel hinzufügen und weitere 10 Minuten braten.

4 Mit der Biermarinade aufgießen und zugedeckt bei mittlerer Hitze etwa 35 Minuten schmoren. Die Hähnchenteile zwischendurch wenden. Die Sahne zugießen, weitere 15 Minuten köcheln.

5 Die Hähnchenteile mit der Sauce auf Tellern anrichten und servieren.

Tipp:

Zum Tunken für die Sauce Micken (s. S. 26) oder frisches Weißbrot reichen.

Zubereitungszeit:
1 ½ Stunden

Einweichzeit:
6 Stunden

Gedöppte dicke Bohnen mit Speck

Zutaten (4 Personen):

80 g geräucherten Bauchspeck
1 Bund Frühlingszwiebeln
1 Zwiebel
30 g Butter
800 g dicke Bohnen, Tiefkühlware aufgetaut
200 ml Rinderbrühe
1 TL getrocknetes Bohnenkraut
Salz
frisch gemahlener schwarzer Pfeffer
1 Bund Petersilie
150 g Sauerrahm

Zubereitung:

1 Die Schwarte vom Bauchspeck abschneiden, den Speck zunächst in dünne Scheiben, dann in feine Streifen schneiden. Die Frühlingszwiebeln waschen, den Strunk und oberes, grünes Drittel entfernen und in feine Ringe schneiden. Die Zwiebel schälen und in feine Würfel schneiden.

2 Die Butter in einem Topf aufschäumen lassen. Die Speckstreifen darin anbraten und die Zwiebelwürfel darin glasig anschwitzen. Die dicken Bohnen hinzufügen und mit der Rinderbrühe aufgießen. Mit Bohnenkraut, Salz und Pfeffer würzen.

3 Die Bohnen bei mittlerer Hitze etwa 15 Minuten garen. In der Zwischenzeit die Petersilie waschen, verlesen, die Blätter abzupfen und fein schneiden.

4 Nun die Frühlingszwiebeln dazugeben und weitere 5 Minuten garen. Zum Schluss den Sauerrahm und die Petersilie untermischen. Auf Tellern anrichten und servieren.

Zubereitungszeit:
35 Minuten

1
2
5

Hasenragout
mit Möppkenbrot

Zutaten (4 Personen):

Für das Ragout:
2 Zwiebeln
2 Möhren
4 Wildhasenkeulen, je 300 g
1 TL Wacholderbeeren, im Mörser zerstoßen
5 Nelken, im Mörser zerstoßen
frisch gemahlener schwarzer Pfeffer
Salz
3 EL Sonnenblumenöl
1 EL Mehl
1 EL Tomatenmark
250 ml Rotwein
1 Thymianzweig
750 ml Wildfond, aus dem Glas
1 EL Preiselbeermarmelade
Für das Möppkenbrot:
150 g Blutwurst
2 Brötchen, gewürfelt
125 ml Rinderbrühe
1 Ei
1 EL Mehl
40 g Rosinen
2 EL Semmelbrösel
frisch geriebene Muskatnuss
30 g Butter

Zubereitung:

1 Die Zwiebeln und die Möhren, schälen und in 1 cm große Würfel schneiden. Die Knochen aus den Wildhasenkeulen auslösen und das Fleisch in 2 cm große Stücke schneiden. Die Wacholderbeeren, Nelken, Pfeffer, 1 TL Salz vermischen und die Fleischstücke damit würzen. Das Öl in einer Kasserolle erhitzen, die Fleischstücke hineingeben und mit Mehl bestäuben.

2 Die Fleischstücke 15 Minuten von allen Seiten kräftig anbraten, dabei öfter umrühren. Die Gemüsewürfel zugeben und weitere 15 Minuten anbraten bis das Gemüse glasig ist. Das Fleisch im Topf an den Rand schieben, das Tomatenmark auf der freien Stelle leicht verteilen, rösten und anschließend mit dem Fleisch vermischen.

3 Mit dem Rotwein ablöschen, den Thymianzweig zugeben und einkochen. Den Wildfond dazugießen und bedeckt bei mittlerer Hitze etwa 1 Stunde schmoren lassen. Dabei öfter umrühren.

4 Für das Möppkenbrot die Blutwurst pellen, in Stücke schneiden und in einem kleinen Topf so lange erwärmen, bis sie geschmolzen ist.

5 Die Brötchen in eine Schüssel geben und mit der Brühe übergießen. Das Ei, Mehl, Rosinen, Semmelbrösel, Muskatnuss, Salz, Pfeffer und die Blutwurst dazugeben und vorsichtig vermischen. 20 Minuten ruhen lassen und daraus acht gleichgroße Knödel formen. Dabei die Hände immer wieder in kaltes Wasser tauchen, damit die Knödel eine glatte Oberfläche bekommen.

6 Die Knödel in kochendes Salzwasser geben. Aufkochen und mit einem Deckel verschlossen bei kleinster Hitze etwa 20 Minuten ziehen lassen. Das Wasser darf nicht stark kochen, da die Knödel sonst zerfallen könnten. Die Butter in einer kleinen Pfanne aufschäumen lassen. Die fertigen Knödel mit einem Schaumlöffel aus dem Topf heben und in der Pfanne mit der Butter kurz durchschwenken.

7 Das Hasenragout mit Preiselbeermarmelade abschmecken und mit dem Möppkenbrot auf Tellern anrichten.

Zubereitungszeit:
2 Stunden

Bottroper
Sauerbraten

Zutaten (4-6 Personen):

Für die Marinade:
250 ml Apfelessig
130 g Zucker
2 Lorbeerblätter
10 Stück Piment
3 mittelgroße Zwiebeln
3 Möhren
1/6 Knollensellerie

1 ½ kg Rinderbraten aus der Keule
Salz
frisch gemahlener schwarzer Pfeffer
40 ml Sonnenblumenöl
250 g Sauerrahm

Für den Rotkohl:
1 Zwiebel
1 Apfel, Sorte Boskop
40 g Schweineschmalz
800 g Rotkohl, aus dem Glas
1 Lorbeerblatt
3 Nelken
100 ml trockener Rotwein
Salz
2 EL Preiselbeeren

Zubereitungszeit:
2 Stunden
Marinierzeit:
2 Tage

Zubereitung:

1 1 ½ l Wasser in einem Topf mit Essig, Zucker, Lorbeerblättern und Piment aufkochen.

2 Die Zwiebeln, die Möhren und den Knollensellerie schälen und in grobe Stücke schneiden. In das kochende Essig-Zuckerwasser geben, vom Herd nehmen und auskühlen lassen. Das Rindfleisch in die Marinade geben, mit Frischhaltefolie abdecken und im Kühlschrank 2 Tage einlegen. Darauf achten, dass das Fleisch vollständig bedeckt ist.

3 Das Fleisch aus der Marinade nehmen, abtropfen lassen, salzen, pfeffern und in einem Schmortopf in heißem Öl von beiden Seiten goldbraun anbraten. Die Marinade durch ein Sieb abgießen. Das Gemüse zum angebratenen Fleisch geben und 15 Minuten rösten. Dabei öfters umrühren und das Fleisch wenden.

4 Mit der Hälfte der Marinade begießen und abgedeckt 1 ½ Stunden bei kleiner Hitze schmoren lassen. Zwischendurch das Fleisch wenden und immer wieder mit der restlichen Marinade aufgießen, damit das Stück Fleisch nach Möglichkeit bedeckt ist.

5 Für den Rotkohl die Zwiebel schälen und in kleine Würfel schneiden. Den Apfel schälen, vierteln, das Kerngehäuse mit einem kleinen Messer herausschneiden und die Apfelviertel in dünne Scheiben schneiden. Das Schweineschmalz in einer mittelgroßen Kasserolle erhitzen, Zwiebel und Apfel zugeben und glasig anschwitzen. Den Rotkohl, Lorbeerblatt und Nelken zugeben. Mit Rotwein ablöschen und salzen. Abgedeckt etwa 30 Minuten bei kleiner Hitze schmoren. Gelegentlich umrühren und zum Schluss mit den Preiselbeeren abschmecken. Bis zum Servieren beiseitestellen und warmhalten.

6 Das fertig gegarte Fleisch herausnehmen und in einen zweiten Topf umfüllen. Den Sauerrahm in die Sauce einrühren aufkochen und durch ein feines Sieb über das Fleisch passieren. Dabei das Gemüse in der Sauce mit einer Schöpfkelle durch das Sieb drücken. Zum Schluss die Sauce abschmecken, das Fleisch in Scheiben schneiden und zusammen mit dem Rotkohl auf Tellern anrichten.

1
3
5

Schnorrkaps

Zutaten (4 Personen):

1 Weißkohl
1 Zwiebel
500 g gemischtes Hackfleisch
1 EL scharfer Senf
½ TL getrockneter Majoran
1 Ei
Salz
frisch gemahlener schwarzer Pfeffer
30 g Butter
1 EL Paprikapulver, edelsüß
500 ml Rinderbrühe
1 TL Speisestärke

Zubereitung:

1 Den Weißkohl vierteln, den Strunk großzügig herausschneiden und in 1 cm breite Streifen schneiden. Die Zwiebel schälen, halbieren, den Strunk herausschneiden und der Länge nach in feine Streifen schneiden.

2 Das Hackfleisch in eine Schüssel geben, mit Senf, Majoran, Ei, Salz und Pfeffer würzen und gut vermischen. Mit nassen Händen kleine Bällchen formen und auf einen Teller geben.

3 Die Butter in einer breiten Kasserolle zerlassen und die Zwiebelstreifen darin goldgelb anschwitzen. Die Weißkohlstreifen dazugeben und mit Salz und Pfeffer würzen. Abdecken und 5 Minuten dünsten.

4 Die Weißkohlstreifen mit Paprikapulver bestreuen und umrühren. Die Hackfleischbällchen einlegen und mit Rinderbrühe aufgießen. Zugedeckt weitere 30 Minuten bei mittlerer Hitze köcheln.

5 Die Speisestärke mit 2 Esslöffeln Wasser anrühren, zum Weißkohlgemüse gießen, aufkochen und so die Sauce binden.

Tipp:

Mit gekochten Kartoffeln servieren. Noch besser schmeckt das Gericht einmal aufgewärmt.

Zubereitungszeit:
50 Minuten

Schollenfilet in Garnelensauce

Zutaten (4 Personen):

800 g festkochende Kartoffeln
Salz
600 g Schollenfilets
Saft von ½ Zitrone
2 Schalotten
50 g Butter
1 EL Mehl
150 ml trockener Weißwein
250 ml Sahne
½ Bund Dill zum Garnieren
150 g Garnelen

Zubereitung:

1 Die Kartoffeln waschen, schälen, vierteln und mit Wasser bedeckt aufsetzen. Salzen und 20 Minuten weich kochen.

2 In der Zwischenzeit die Schollenfilets abwaschen und auf Küchenpapier abtropfen lassen. Mit dem Zitronensaft beträufeln und von beiden Seiten salzen.

3 Die Schalotten schälen und in feine Würfel schneiden. 30 g Butter in einer Pfanne zerlassen und die Schalotten darin glasig anschwitzen. Das Mehl einstäuben und eine Minute anschwitzen. Mit dem Weißwein aufgießen und mit einem Schneebesen gut verrühren. Unter ständigem Rühren aufkochen, die Sahne dazugießen und mit Salz abschmecken. Weitere 5 Minuten bei mittlerer Hitze köcheln. Den Dill waschen, Spitzen abzupfen und bis zum Anrichten beiseitestellen.

4 Die gewürzten Schollenfilets in die Sauce legen und von beiden Seiten etwa 2 Minuten garen. Zum Schluss die Garnelen in die Sauce streuen und kurz erwärmen.

5 Die fertig gekochten Kartoffeln abschütten, restliche Butter zugeben, durchschwenken und auf Tellern anrichten. Die Schollenfilets mit der Sauce dazugeben und reichlich mit Dillspitzen garnieren.

Zubereitungszeit:
45 Minuten

Karpfen gebacken
mit Endiviensalat

Zutaten (4 Personen):

Für den Salat:
1 kleiner Endivienkopf
100 ml Sahne
3 EL Apfelessig
Salz
frisch gemahlener schwarzer Pfeffer
½ TL Zucker
4 EL Sonnenblumenöl
1 Bund Dill
Für den Karpfen:
1 kg Karpfenfilet, ohne Haut
1 TL Paprikapulver, edelsüß
Saft von 1 Zitrone
2 Eier
400 g Semmelbrösel
3 EL Sonnenblumenöl
40 g Butter

Zubereitungszeit:
50 Minuten

Zubereitung:

1 Den Salatstrunk herausschneiden, die Blätter lösen und in kaltem Wasser gut waschen. Die Blätter grob zupfen und in ein Sieb zum Abtropfen geben. Für die Salatsauce Sahne, Apfelessig, Salz, Pfeffer, Zucker und Sonnenblumenöl so lange glattrühren, bis sich der Zucker aufgelöst hat. Den Dill waschen, die Spitzen von den Stielen abzupfen und grob schneiden. Den Dill in die Sauce geben und die Sauce beiseitestellen.

2 Das Karpfenfilet in 3 cm breite Streifen schneiden und mit den Fingern prüfen, ob noch Gräten vorhanden sind. Diese gegebenenfalls mit einer großen Pinzette herausziehen.

3 Die Karpfenstreifen salzen, pfeffern, mit Paprikapulver bestreuen und mit Zitronensaft beträufeln. Die Eier in einer flachen Schale verquirlen. Die Karpfenstücke durch das Ei ziehen und dann in den Semmelbröseln wenden. Die Panade nur leicht andrücken.

4 Das Öl und die Butter in einer großen Pfanne erhitzen und die Karpfenstücke von beiden Seiten jeweils etwa 6 Minuten goldgelb braten. Danach zum Abtropfen kurz auf ein Küchenpapier geben.

5 Die Karpfenstücke auf Tellern anrichten. Den Salat in kleinen Schalen separat mit der Sauce vermischen und servieren.

Geräucherter Aal

mit Preiselbeeren

Zutaten (4 Personen):

4 Schwarzbrotscheiben
40 g Butter
150 ml Sahne
3 EL Preiselbeermarmelade
1 EL Sahnemeerrettich, aus dem Glas
Saft von ½ Zitrone
Salz
frisch gemahlener schwarzer Pfeffer
600 g Räucheraal

Zubereitung:

1 Die Schwarzbrotscheiben mit der Butter bestreichen. Die Sahne mit einem Handrührgerät steif schlagen.

2 In die geschlagene Sahne Preiselbeermarmelade, Sahnemeerrettich, Zitronensaft, Salz und Pfeffer geben. Vorsichtig untermischen und die Preiselbeersahne bis zur Verarbeitung im Kühlschrank abgedeckt aufbewahren.

3 Die Räucheraalfilets an der Mittelgräte entlang mit einem Messer abschneiden, die Haut mit den Händen abziehen und die Hautreste mit einem Messer abschneiden. Die fertigen Räucheraalfilets in 3 cm lange Scheiben schneiden und auf den gebutterten Schwarzbrotscheiben verteilen.

4 Mit frisch gemahlenem, schwarzen Pfeffer bestreuen, dazu die kalte Preiselbeersahne servieren.

Zubereitungszeit:
25 Minuten

Heringsdipp
mit Pellkartoffeln

Zutaten (4 Personen):

600 g kleine Kartoffeln
2 Zwiebeln
60 g Cornichons
1 Apfel, Sorte Boskop
300 g Schmand
80 ml Sahne
1 EL Sahnemeerrettich, aus dem Glas
3 EL Weißweinessig
Salz
frisch gemahlener schwarzer Pfeffer
8 Stücke Matjesheringsfilets
½ Bund Schnittlauch, zum Garnieren

Zubereitung:

1. Die Kartoffeln waschen, in einem Topf mit Wasser bedecken und mit Salz würzen. Etwa 20 Minuten kochen, das Wasser abschütten und mit dem Deckel bedeckt warm halten.

2. In der Zwischenzeit die Zwiebeln schälen, halbieren, den Strunk herausschneiden und der Länge nach in Streifen schneiden. Die Cornichons in dünne Scheiben schneiden, den Apfel schälen, vierteln, entkernen und in Scheiben schneiden.

3. In einer Schüssel Schmand, Sahne, Sahnemeerrettich, Weißweinessig, Salz und Pfeffer glattrühren. Die geschnittenen Zutaten hinzufügen und miteinander vermischen.

4. Die Matjesheringsfilets auf ein Stück Küchenpapier legen und abtrocknen lassen. In 2 cm große Streifen schneiden und unter die Sauce mischen. Den Schnittlauch waschen, abtropfen lassen und in feine Röllchen schneiden.

5. Die warmen Kartoffeln pellen und auf Tellern anrichten. Die Matjesfilets in der Sauce dazugeben und mit den Schnittlauchröllchen bestreuen.

Tipp:

Wenn die Matjesheringsfilets zu salzig schmecken, in eine Schüssel geben, mit kaltem Wasser bedecken und 30 Minuten wässern. Herausnehmen und abtropfen lassen. Sie schmecken dann milder.

Zubereitungszeit:
35 Minuten

Gekochter Kabeljau
mit Kapernsauce

Zutaten (4 Personen):

1 kg Kabeljaufilet, ohne Haut
Saft von ½ Zitrone
Salz
frisch gemahlener weißer Pfeffer
1 Bund Lauchzwiebeln
5 Tomaten
3 weiße Zwiebeln
1 großer Kohlrabi
30 ml Olivenöl
400 ml Fischfond, aus dem Glas
2 EL Kapern
1 Bund Basilikum

Zubereitung:

1 Das Kabeljaufilet waschen, abtrocknen und auf Fischgräten überprüfen. Diese gegebenenfalls mit einer großen Pinzette herausziehen. In 3 cm x 3 cm große Stücke schneiden, mit dem Zitronensaft beträufeln, salzen, pfeffern und vorsichtig vermischen.

2 Die Lauchzwiebeln putzen, Strunk abschneiden, waschen und in 1 cm große Ringe schneiden. Den Strunk der Tomaten mit einem spitzen Messer herausschneiden, waschen, halbieren und in grobe Stücke schneiden. Die Zwiebeln schälen und in grobe Würfel schneiden. Den Kohlrabi schälen, halbieren und in 3 cm lange und 1 cm breite Streifen schneiden.

3 Das Olivenöl in einer Kasserolle erhitzen und die Zwiebelwürfel darin glasig anschwitzen. Das Gemüse dazugeben, salzen, pfeffern und 5 Minuten anschwitzen. Den Fischfond aufgießen und bei mittlerer Hitze 10 Minuten köcheln. Dann die Kabeljaustücke in das Gemüseragout geben, die Kapern darüberstreuen und weitere 5 Minuten abgedeckt dünsten.

4 In der Zwischenzeit die Basilikumblätter waschen, von den Stielen abzupfen und in grobe Streifen schneiden. Das Basilikum großzügig über dem Fisch verteilen, vorsichtig durchschwenken und auf Tellern anrichten.

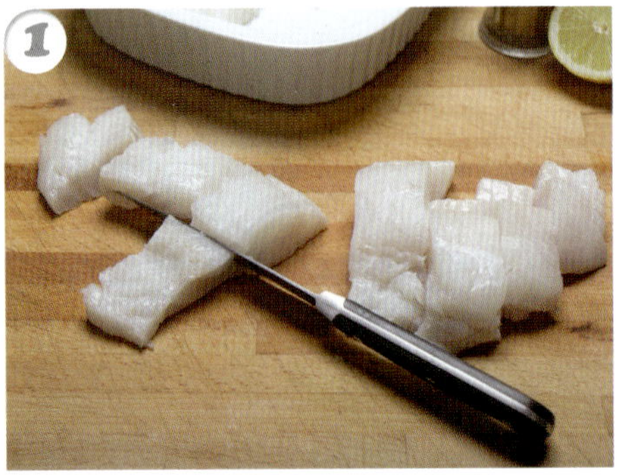

Zubereitungszeit:
45 Minuten

Roter Heringssalat

Zutaten (4 Personen):

400 g fertiger Heringssalat, in Sauerrahmsauce
8 Walnusskerne
5 kleine Pellkartoffeln
5 Cornichons
400 g Fleischwurst
200 g Rote Bete, aus dem Glas
2 TL Preiselbeermarmelade
3 EL Mayonnaise
100 ml Gurkenwasser
Salz
frisch gemahlenen schwarzen Pfeffer

4 Cornichons, zum Garnieren
4-8 Scheiben Toastbrot, zum Servieren

Zubereitung:

1 Den fertigen Heringssalat in eine große Schüssel umfüllen.

2 Die Walnusskerne grob schneiden, die Pellkartoffeln schälen und in 1 cm große Würfel schneiden. Die Cornichons halbieren und in kleine Stücke schneiden.

3 Die Pelle der Fleischwurst abziehen und in 1 cm große Würfel schneiden. Die Rote Bete in ein Sieb abschütten, abtropfen lassen und in ca. 1 cm x 1 cm große Würfel schneiden. Beides in die Schüssel geben.

4 Die Preiselbeermarmelade, Mayonnaise und Gurkenwasser darübergeben, salzen und pfeffern. Alles gut vermischen, mit Frischhaltefolie abdecken und im Kühlschrank 6 Stunden ruhen lassen.

5 Den Salat vor dem Servieren noch einmal abschmecken und in kleinen Schalen anrichten. Mit Cornichons garnieren und dazu Toastbrot reichen.

Tipp:

Der Heringssalat passt besonders gut in die Weihnachtszeit oder zum Jahreswechsel.

Zubereitungszeit:
40 Minuten

Ruhezeit:
6 Stunden

Muscheln
im Wurzelsud

Zutaten (4-6 Personen):

4 kg Miesmuscheln
1 Zwiebel
2 Möhren
⅙ Stück Knollensellerie
2 Porreestangen
80 g Butter
1 Knoblauchzehe
Salz
frisch gemahlener schwarzer Pfeffer
500 ml trockener Weißwein
1 Bund Petersilie
frisches Weiß- oder Schwarzbrot, zum Servieren

Zubereitung:

1 Die Miesmuscheln gründlich waschen, bürsten und von Barthaaren befreien. Geöffnete Muscheln aussortieren.

2 Die Zwiebel, Möhren und Knollensellerie schälen. Den Wurzelansatz sowie die oberen, grünen Blätter vom Porree abschneiden, den Porree der Länge nach halbieren und unter fließend kaltem Wasser gut waschen. Alles Gemüse in ½ cm breite Streifen schneiden.

3 Die Butter in einem großen Topf aufschäumen. Die Knoblauchzehe in der Schale andrücken und hineingeben. Die Gemüsestreifen in den Topf geben, anschwitzen und mit Salz und Pfeffer würzen. Die gut abgetropften Muscheln zufügen, mit dem Weißwein ablöschen und den Topf sofort mit einem Deckel verschließen.

4 Die Muscheln etwa 5 Minuten bei starker Hitze garen. Den Topf hin und wieder schütteln, damit sich alle Muscheln gut öffnen.

5 In der Zwischenzeit die Petersilie waschen, verlesen, die Blätter abzupfen und fein schneiden.

6 Die Petersilie unter die Muscheln mischen und sofort servieren, dazu Brot reichen.

Tipp:

Muscheln, die sich nach dem Kochen nicht geöffnet haben, besser nicht essen.

Zubereitungszeit:
40 Minuten

Zanderfilet
mit Schwarzbrotkruste und Schavur

Zutaten (4 Personen):

1 kleiner Schavur, (Wirsing)
ca. 500 g
2 Möhren
60 g Butter
Salz
frisch gemahlener schwarzer Pfeffer
250 ml Sahne
600 g Zanderfilet, ohne Haut
Saft von ½ Zitrone
100 g geriebenes Schwarzbrot
½ Bund Petersilie

Zubereitung:

1 Die äußeren Blättern vom Schavur abnehmen danach vierteln, den Strunk großzügig herausschneiden und in 2 cm große Stücke schneiden. In ein Sieb geben und unter fließendem, kaltem Wasser gründlich waschen. Die Möhren schälen und in ½ cm kleine Würfel schneiden.

2 30 g Butter in eine Kasserolle aufschäumen, Möhrenwürfel darin anschwitzen, salzen und pfeffern. Den Schavur dazugeben und abgedeckt etwa 20 Minuten dünsten. Sobald das Wasser im Topf verkocht ist, die Sahne aufgießen und weitere 10 Minuten bei kleiner Hitze köcheln.

3 Das Zanderfilet waschen, auf Küchenpapier zum Abtropfen geben und in 4 Stücke schneiden. Mit Zitronensaft beträufeln und mit Salz würzen. Die restliche Butter in einer Pfanne aufschäumen lassen. Die Zanderstücke von einer Seite in das geriebene Schwarzbrot drücken und mit der Schwarzbrotseite in die schäumende Butter einlegen. Bei mittlerer Hitze 5 Minuten langsam braten, danach vorsichtig wenden und weitere 3 Minuten braten.

4 In der Zwischenzeit die Petersilie waschen, die Blätter von den Stielen abzupfen und einige zum Garnieren beiseitestellen. Die restliche Petersilie fein schneiden und unter den Schavur mischen.

5 Den Schavur auf Tellern verteilen und die gebratenen Zanderfilets darauf anrichten. Zum Schluss mit den Petersilienblättchen garnieren.

Zubereitungszeit:
45 Minuten

Nachspeisen

Die traditionellen Ruhrpott-Desserts bieten einen bunten Mix aus Milchreis, Armen Rittern, Kuchen mit heimischen Früchten oder auch Bierkaltschale an. Diese süßen Speisen sind schnell zubereitet machen jede echte „Pott-Mahlzeit" erst komplett.

Pflaumenkuchen
mit Streuseln

Zutaten (12 Stück):

Backblech: 30 cm x 40 cm
Für den Teig:
400 g Mehl, plus etwas für das Backblech
250 g Butter, plus etwas für das Backblech
150 g Zucker
½ TL gemahlene Vanille
1 Ei
Für die Streusel:
250 g Mehl
150 g Zucker
½ TL gemahlene Vanille
½ TL Zimt
150 g Butter
Für den Belag:
1 ½ kg Pflaumen

Zubereitung:

1 Für den Teig das Mehl in eine Schüssel sieben, Butter in Stücken, Zucker und Vanille dazugeben. Mit den Händen verkneten und danach das Ei darüber geben. Alles schnell zu einem glatten Mürbeteig verarbeiten. In Frischhaltefolie wickeln und im Kühlschrank 30 Minuten ruhen lassen.

2 Für die Streusel Mehl, Zucker, Vanille, Zimt und Butter in einer Schüssel mit den Händen zu Streuseln verkneten. Bis zur Verarbeitung im Kühlschrank abgedeckt aufbewahren.

3 Den Backofen auf 180 °C vorheizen.

4 Den Mürbeteig auf einer bemehlten Arbeitsfläche ausrollen und das mit der Butter ausgestrichene Backblech mit dem Teig auslegen.

5 Die Pflaumen waschen, halbieren und die Steine entfernen. Die Pflaumenhälften noch 3 Mal einschneiden und den Teig flach belegen. Mit den Streuseln bestreuen und im Backofen etwa 40 Minuten goldgelb backen.

6 Den Kuchen herausnehmen und auf einem Kuchengitter auskühlen lassen. Danach in Stücke schneiden und servieren.

Tipp:

Dazu frisch geschlagene Sahne reichen.

Zubereitungszeit:
1 Stunde

Ruhezeit:
30 Minuten

Rhabarberkompott

Zutaten (4 Personen):

500 g Rhabarber
1 Vanillestange
100 ml Orangensaft
150 g Zucker
60 g Himbeeren, Tiefkühlware aufgetaut
150 g Sahne
20 g Puderzucker

Zubereitung:

1 Die Blätter sowie den unteren Teil des Rhabarbers abschneiden und die faserige Haut abziehen. In 2 cm große Stücke schneiden. Die Vanillestange halbieren, das Vanillemark mit dem Messerrücken herauskratzen und die Vanillestange in 5 cm große Stücke schneiden.

2 100 ml Wasser mit Orangensaft, Zucker, Vanillemark und Vanillestücken aufkochen.

3 Die Rhabarberstücke und die Himbeeren dazugeben, einmal aufkochen und sofort vom Herd nehmen. In eine Schüssel umfüllen, mit Frischhaltefolie abdecken und auskühlen lassen.

4 Die Sahne mit dem Puderzucker halbsteif schlagen.

5 Den Rhabarberkompott in Schalen füllen und mit der Sahne servieren.

Tipp:

Den Rhabarber in der Hauptsaison putzen, in Stücke schneiden und auf Vorrat einfrieren. Dann kann er in jeder Saison zu Kompott oder Kuchen verarbeitet werden.

Zubereitungszeit:
30 Minuten

Arme Ritter
mit Zimtzucker

Zutaten (4 Personen):

4 Scheiben Toastbrot
¼ l Milch
2 Eier
50 g Butter
Für den Zimtzucker:
3 EL Zucker
1 TL Zimt

Zubereitung:

1 Die Toastbrotscheiben diagonal halbieren und in eine breite Porzellanform geben. Mit der Milch begießen und 5 Minuten einweichen.

2 Die Eier in einer Schüssel verquirlen und die eingeweichten Toastbrotscheiben darin durchziehen.

3 Die Butter in einer Pfanne aufschäumen lassen. Die Toastbrotscheiben darin von beiden Seiten goldgelb braten.

4 Den Zucker und den Zimt vermischen, die noch warmen Toastbrotscheiben damit bestreuen und servieren.

1

Tipp:

Schmeckt ebenfalls mit Vanillesauce oder Vanilleeis.

2

3

Zubereitungszeit:
10 Minuten

Pumpernickel
mit Zimt-Rosinen und Bier

Zutaten (4 Personen):

100 g Rosinen
90 g Zucker
150 g Pumpernickel
1 l Bier
1 Msp. Zimt

Zubereitung:

1 Die Rosinen, Zucker und 200 ml Wasser in einem Topf aufkochen. 10 Minuten langsam kochen, damit die Rosinen weich werden.

2 Das Pumpernickel mit den Händen in kleine Stücke brechen und in einem Küchenmixer fein mixen.

3 Das Bier in ein hohes Gefäß geben und die gekochten Rosinen zugeben. Den Zimt und den gemixten Pumpernickel dazugeben und mit einem Schneebesen gut verrühren.

4 Für mindestens 6 Stunden, am besten über Nacht, in den Kühlschrank stellen und durchziehen lassen. Vor dem Servieren gut durchrühren, in kleinen Schalen verteilen und servieren.

Vorbereitungszeit:
25 Minuten

Ruhezeit:
6 Stunden

Dicker Reis
mit Zimt und Zucker

Zutaten (4 Personen):

220 g Milchreis
1 l Milch
100 g Zucker
1 daumengroßes Stück Zitronenschale
1 Prise Salz
Für den Zimtzucker:
3 EL Zucker
1 TL Zimt

Zubereitung:

1 Den Reis in ein Sieb geben und unter fließendem, kaltem Wasser 1 Minute abwaschen.

2 Den Reis zusammen mit Milch, Zucker, Zitronenschale und Salz in einen Topf geben.

3 Aufkochen und bei geringer Hitze langsam und unter regelmäßigem Umrühren etwa 30 Minuten köcheln.

4 Die Zitronenschale herausnehmen und den Reis in eine Form (1 l Inhalt) füllen. Mit Frischhaltefolie bedecken und 2 Stunden im Kühlschrank festwerden lassen.

5 Den Zucker mit dem Zimt vermischen, den ausgekühlten Reis damit bestreuen und servieren.

Zubereitungszeit:
40 Minuten

Ruhezeit:
2 Stunden

Schokoladenflammerie
mit Marzipan-Birne

Zutaten (4 Personen):

2 Birnen, Sorte gute Luise
Saft von ½ Zitrone
80 g Marzipanrohmasse
40 g Speisestärke
½ l Milch
100 g Zartbitterschokolade
50 g Vollmilchschokolade
150 ml Sahne
2 EL Schokoraspeln
Puderzucker, zum Bestäuben

Zubereitung:

1 Die Birnen schälen, vierteln und das Kerngehäuse mit einem kleinen Messer herausschneiden. In 1 cm kleine Stücke schneiden und mit Zitronensaft vermischen. Die Marzipanrohmasse in kleine Stücke zupfen.

2 Die Speisestärke mit 3 Esslöffeln der Milch verrühren, die restliche Milch mit den beiden Schokoladensorten zum Kochen bringen. Die angerührte Speisestärke mit einem Schneebesen in die kochende Schokoladenmilch einrühren, einmal aufkochen und in eine Schüssel umfüllen. Die Marzipanstücke zugeben und gut verrühren. Mit Frischhaltefolie abdecken und 30 Minuten im Kühlschrank auskühlen lassen.

3 In der Zwischenzeit die Sahne mit einem Handrührgerät steif schlagen. Zusammen mit den Birnenstücken unter die Schokomasse mischen. In Gläser abfüllen, mit Schokoraspeln und Puderzucker bestäuben.

Tipp:

Andere Früchte können ebenso zugegeben werden. Man sollte darauf achten, dass die Früchte reif sind. Mit der Schokolade harmonieren Bananen, Aprikosen oder im Winter auch Orangen oder Mandarinen. Mit einer Prise Zimt oder Lebkuchengewürz in der Schokoladenmilch schmeckt es dann besonders gut.

Zubereitungszeit:
20 Minuten

Ruhezeit:
30 Minuten